머리말

여기저기 발생하는 안전사고!
어떻게 예방하고 대처할 수 있을까요?
그 속에서 내 안전을 지킬 수 있을까요?

어린이 여러분! [내 안전은 내가 지킬 거야!] 책을 쓴 료샘입니다.
여러분의 오늘은 여러 위험 속에서 별 탈 없이 안녕한가요?

우리의 세상은 행복한 일, 즐거운 일이 가득하지만, 여기저기 곳곳에 위험한 일들도 숨어 있어요. 그리고 여러분은 숨어 있는 위험을 알아차리고, 스스로를 지켜야 해요. 왜냐고요?

그야 여러분은 한없이 소중한 존재니까요!

바로 이 [내 안전은 내가 지킬 거야!] 책은 소중한 여러분을 스스로 지키는 방법을 알려주는 책이랍니다. 평화로워 보이는 여러분의 일상 속에 도대체 어떤 위험이 숨어 있는지, 어떤 행동이 안전한 행동인지 책을 읽으며 알아봐요!

책에 나오는 아주 귀여운 안전 요정인 '두리'가 여러분이 이해가 쏙쏙 되도록 쉽게 설명해 줄 거예요! 그리고 '두리'가 내는 재미있는 안전 문제도 풀어보며 안전 능력을 쑥쑥 키워봅시다!

여러분의 오늘이 안전 속에서 행복 가득하게 성장하는 날이길 바라며,

료샘이.

추천사

'소중한 우리 아이에게 안전을 선물하세요'

아이들에게 안전을 가르치는 일은 단순히 지식을 전달하는 것이 아니라, 아이들의 삶을 지키는 일입니다. 『내 안전은 내가 지킬 거야!』는 아이들이 스스로 위험을 인식하고 대처할 수 있도록 돕는 소중한 책입니다. 만화 형식으로 친숙하게 다가가며, 스티커 붙이기, 미로 찾기 등 흥미로운 활동을 통해 안전수칙을 자연스럽게 익히며 아이들 스스로 삶을 지킬 수 있도록 구성되었습니다.

이 책의 저자는 제가 함께 근무하며 깊이 신뢰하게 된 분입니다. 조용하고 차분한 성품 속에는 아이들을 향한 따뜻한 마음이 담겨 있으며, 언제나 아이들의 입장에서 생각하는 선생님입니다. 아이들의 안전을 위해 오랜 시간 고민하고 연구한 흔적이 이 책 곳곳에 스며들어 있습니다.

안전은 모든 아이들이 꼭 배워야 할 소중한 약속입니다. 이 책은 어린이뿐만 아니라 학부모님과 선생님들께도 꼭 추천하고 싶은 책입니다. 우리 아이들이 안전한 환경에서 밝게 성장할 수 있도록, 이 책이 작은 나침반이 되어 주기를 바랍니다.

김동률(광주광역시동부교육지원청 장학사)

『내 안전은 내가 지킬 거야!』는 자라나는 어린이에게 '안전'에 대한 경각심을 일깨워 주는 황금 같은 책입니다. 현직 초등 교사인 작가님께서는 '학교 안전교육 7대 표준안'을 바탕으로 가장 중요한 안전 규칙만을 일목요연하게 정리하여 책 속에 재미있게 녹여내었습니다. 사랑스러운 안전 요정 캐릭터와 어린이의 눈높이에서 흥미롭게 전개되는 스토리는 매력적으로 다가옵니다. 더불어 말미에 주제와 관련한 내용으로 스티커를 붙이고 미로를 찾는 등의 퀴즈 활동은 유익한 마무리가 됩니다.

안전은 아무리 강조해도 지나침이 없습니다. 특히 아직 주의력이 부족한 어린이들에게 안전 교육은 필수적입니다. 교육과 재미 두 마리 토끼를 모두 잡은 이 책이야말로 아이들에게 훌륭한 안전 지침서가 될 것입니다.

이경연(경기도 초등학교 교사)

『내 안전은 내가 지킬 거야!』 책은 일상에서 만날 수 있는 다양한 상황의 안전 문제를 어린이의 눈높이에 맞게 구성한 점이 돋보입니다. 이 책은 어린이들이 스스로 자신의 안전을 지키는 생활 습관을 길들일 수 있도록 돕는 책입니다. 어린이들은 이 책을 통해 안전에 관한 폭넓은 생각과 위험 상황에 대한 열린 추론을 하며, 길에서도 집에서도 반드시 지켜야 할 안전 규칙을 간접 경험할 수 있습니다. 특히, 학교 현장을 가장 잘 아는 선생님께서 직접 제작해 주셔서 더욱 믿음이 가는 책입니다.

유성호(광주서석초등학교 교감)

안전은 누구에게나 중요하지만, 특히 어린이들에게는 평생을 좌우할 수 있는 필수적인 배움입니다. 어린 시절에 익힌 안전 습관은 성인이 되어서도 큰 영향을 미치며, 실생활에서 위험을 예방하는 힘이 됩니다. 따라서 어린이 안전교육은 단순히 지식을 전달하는 것에서 끝나는 것이 아니라, 생활 속에서 자연스럽게 안전 습관이 형성될 수 있도록 이루어져야 합니다. 『내 안전은 내가 지킬 거야!』는 이러한 점을 고려하여, 아이들이 쉽고 자연스럽게 안전 수칙을 익히고 실천할 수 있도록 구성된 책입니다.

이 책은 학교 안전교육 7대 표준안을 바탕으로, 어린이들이 꼭 알아야 할 안전 수칙을 쉽고 재미있게 익힐 수 있도록 설계되었습니다. 만화형 스토리를 활용해 아이들의 흥미를 높이고, 주인공이 겪는 다양한 상황 속에서 문제를 해결하는 과정을 통해 자연스럽게 사고력을 기를 수 있도록 구성되었습니다. 또한, 반복적으로 안전 수칙을 접하며 익힐 수 있도록 설계되어 있어, 실생활에서 자연스럽게 안전한 행동을 실천하는 데 도움이 됩니다.

더불어, 이 책은 단순한 읽기 자료를 넘어 아이들이 직접 참여할 수 있는 다양한 활동을 포함하고 있습니다. 퀴즈, 미로 찾기, 빈칸 채우기, 스티커 붙이기 등 놀이 요소가 접목된 학습 방식은 아이들의 몰입도를 높이고, 안전 개념을 익히는 과정에 긍정적인 영향을 줍니다. 이러한 학습 경험은 단순한 재미를 넘어, 인지적 발달과 학습 효과 향상에도 기여할 수 있습니다.

이 책은 아이들뿐만 아니라 부모님과 선생님에게도 유용한 자료가 될 것입니다. 가정에서는 부모님이 함께 읽으며 생활 속 안전 습관을 익힐 수 있고, 학교에서는 창의적 체험활동이나 교과 연계 활동으로 활용할 수 있습니다.

안전은 일시적인 교육이 아니라, 생활 속에서 꾸준히 실천하며 습관으로 자리 잡아야 합니다. 『내 안전은 내가 지킬 거야!』는 아이들이 책을 읽으며 자연스럽게 안전한 생활 습관을 익히고 실천할 수 있도록 돕는 책입니다.

많은 아이들이 이 책을 읽고, 안전 수칙을 즐겁게 익히고 실천하기를 바랍니다.

양은별(제주대학교 초등교육학부 교수)

인물소개

이름 : **두리**
직업 : 안전 요정
생김새 : 미어캣

토마토를 너무 좋아하는 안전 요정 두리!
두리번거리며 위험을 감지해서
이름이 '두리'이다.
깜찍한 외모와는 다르게 꽤 거칠다.
귀엽다고 함부로 만지면 크게 혼날지도…!

이름 : **안전벨**

지구인의 위험도가 증가하면 울리는 벨.
안전벨이 울리면,
두리는 지구로 출동해야 한다.
안전벨을 평범한 종이라고 생각했다간
큰코다침!
성격도 있고 움직일 줄도 아는 생명체!

이름 : **차분히**

성격 : 차분한 성격과는 **정반대!**

두리의 귀여운 외모에 첫눈에 반한 분히.
두리를 열심히 쫓아다닌다.
제멋대로이고 저돌적인 소녀.

이름 : **조심히**

성격 : 조심하는 성격과는 **정반대!**

소심한 탓에 위험천만한 행동을 하는 심히.
거친 두리를 보고 닮고 싶어한다.
두리를 존경하는 수줍음이 많은 소년.

차례

1 우주의 안전 요정, 두리 9

2 안전하게 다녀요.
01 안전하게 건너요! 22
　활동 알맞게 연결하기 29
02 안전하게 자동차 타요! 32
　활동 안전 미로 탈출 41

3 안전하게 이용해요.
03 안전하게 계단을 이용해요! 46
　활동 OX 퀴즈 55
04 안전하게 스마트폰을 이용해요! 58
　활동 약속 만들기 67

4 사람들 속에서 나를 지켜요.
05 사람을 조심해요! 72
　활동 OX 퀴즈 81
06 나쁜 접촉을 조심해요! 84
　활동 내 경계 색칠하기 93

5 긴급 상황 속에서 나를 지켜요.
07 불을 조심해요! 98
　활동 안전 미로 탈출 107
08 길을 잃었을 땐 침착해요! 110
　활동 번호, 주소 외우기 119

6 오늘도 안전한 지구 123

01

우주의 안전 요정, 두리

***안전벨**: 지구인의 안전이 위험할 때 울리는 벨. 안전벨이 울리면 안전 요정 두리는 지구로 출동해야 함.

삐용 삐용

아?!

잠잠

잘못 들었나?

긁적

안전하게 건너요!

너.가.

분.히.

구.나.

신호도 안 보고 길을 건너는 게 말이 되냐?!

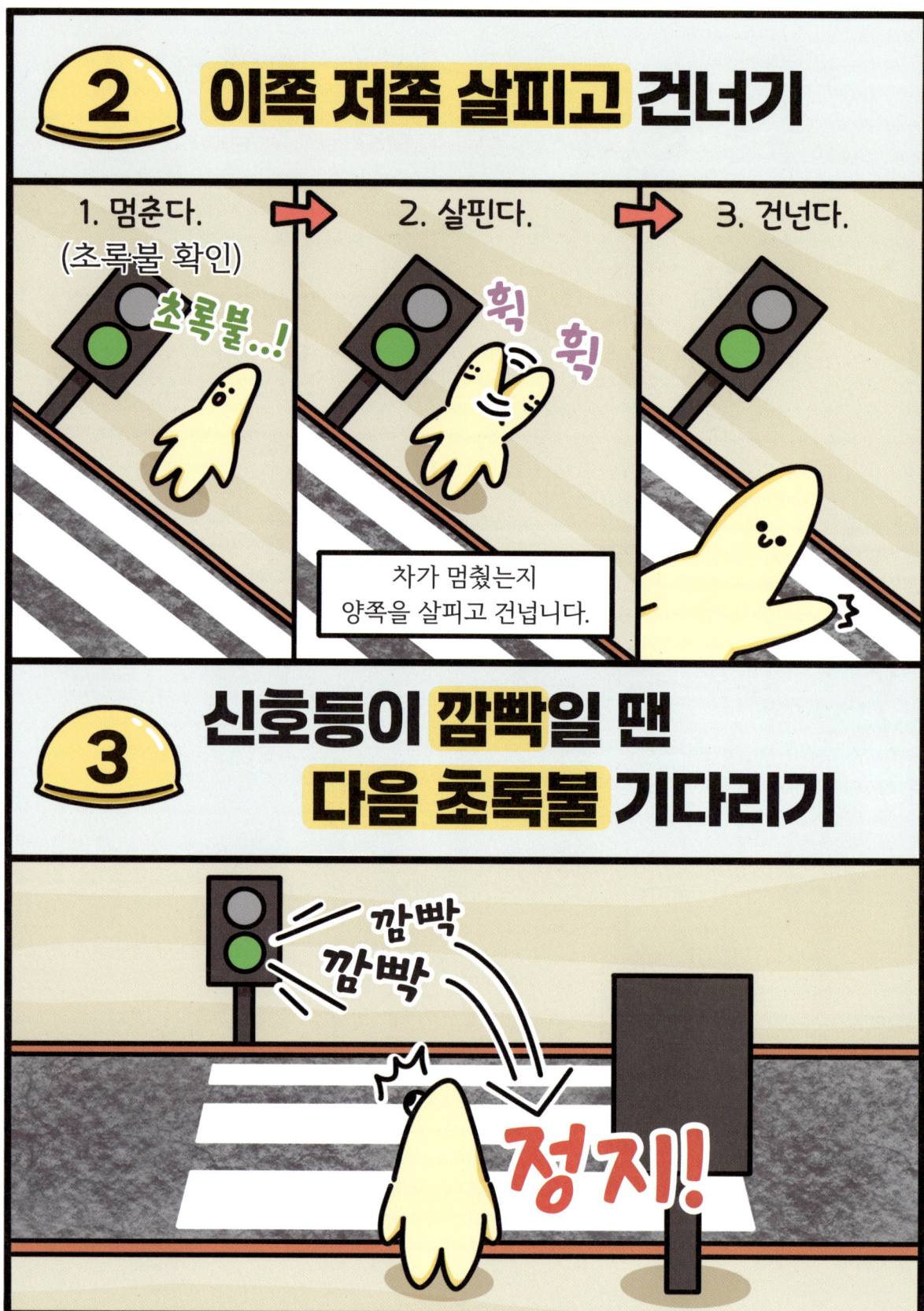

자, 그럼 **신호등에 맞는 바른 행동**을 연결해봐!

   •   •   일단 멈춘 후, 주위를 살피고, 건넌다.

   •   •   건너지 않고, 다음 초록불을 기다린다.

   •   •   건너지 않는다.

안전하게 자동차 타요!

저를 구해주신 은인님! 어디 계시나요~?

왜 자꾸 따라오는 거야?!

어쩔 수 없군.

호잇 쨔

너가 왜 여기서 나와..

유후~

입냄새 나

은인님 찾는 건 누워서 떡 먹기지~

삐용 삐용

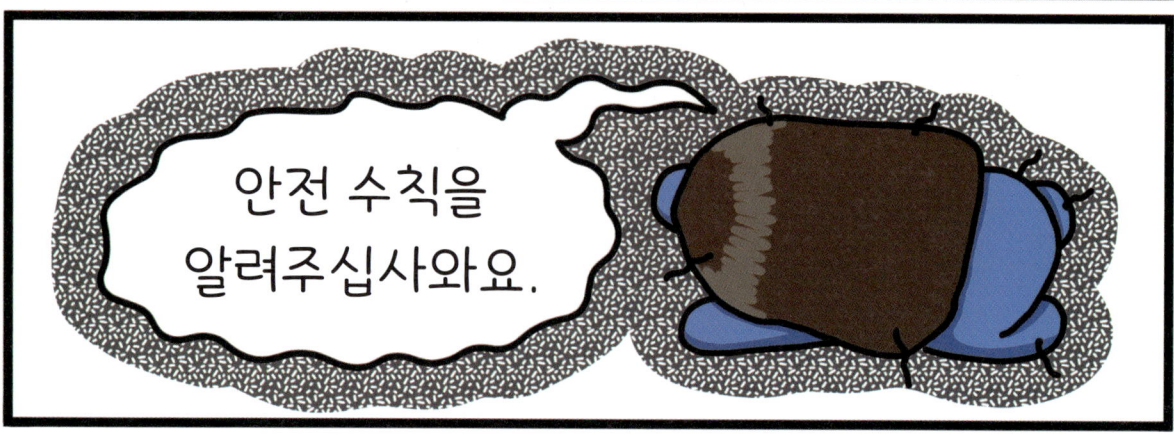

 ## 창밖으로 손 내밀지 않기

건물이나 지나가는 차에 부딪혀 크게 다칠 수 있어요.

창밖은 눈으로만 관찰해요.

 ## 타거나 내릴 때, 옷이나 가방이 차 문에 끼지 않게 조심하기

옷, 가방이 차 문에 끼지 않도록 조심해요.

긴 옷이나 가방은 손으로 잡고 차에서 내리거나, 차에 탑니다.

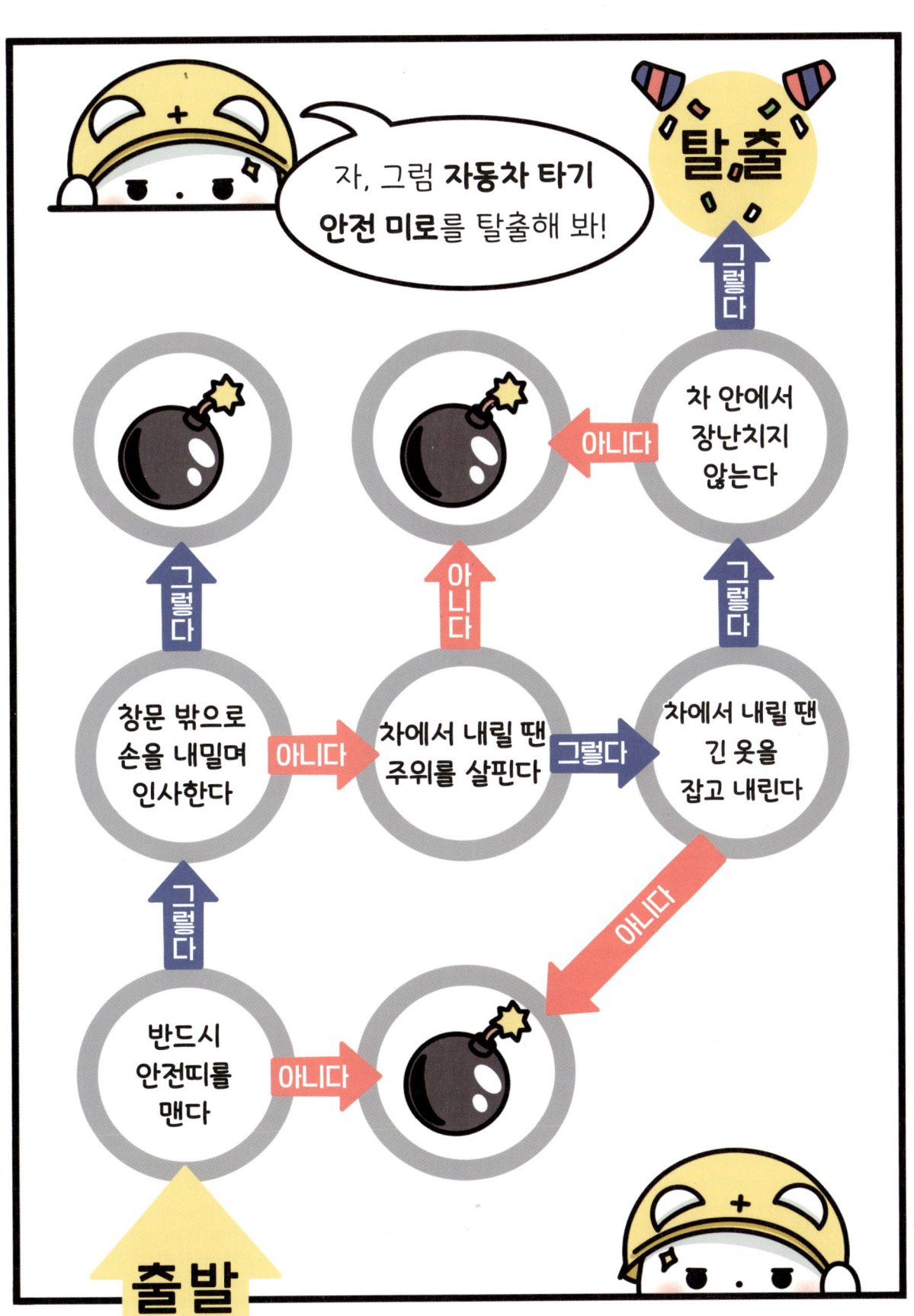

안전하게 계단을 이용해요!

꺄아아악

까꿍

스르륵

들어가라냥
들어가라냥

꾹꾹

응?

영차
영차

방귀 뀌기만 해봐..

이 두리님이 계단 사용 안전 수칙 알려줄 테니 집중해서 들어..

훌쭉

계단 사용 안전 수칙

1 난간을 잡고 한 칸씩 내려가기

난간에 올라타지 않아요.
떨어져 크게 다칠 수 있어요.

꼬옥

 **2 점프하거나 장난치지 않기**

 **3 주머니에서 손 빼고 걷기**

넘어질 때 주변을 잡아 스스로 보호해요.

자, **OX퀴즈**를 풀어보자!
정답에 **손 스티커**를 붙여봐!

1. **계단**에서 주머니에 손을 넣고 걷는다.

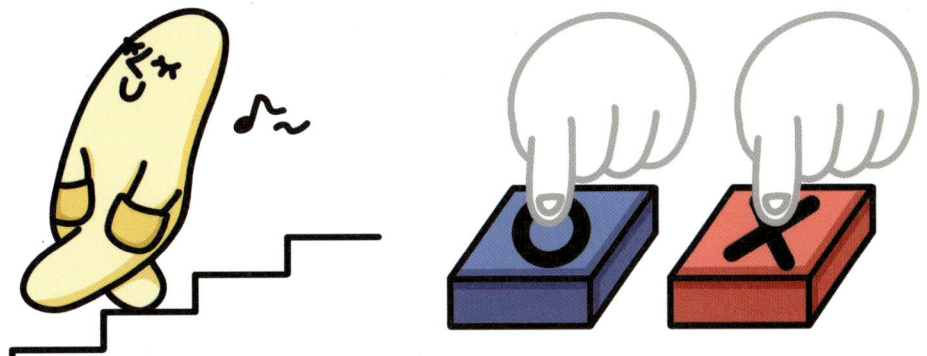

2. **난간**을 타고 내려가는 사람을 보고 따라한다.

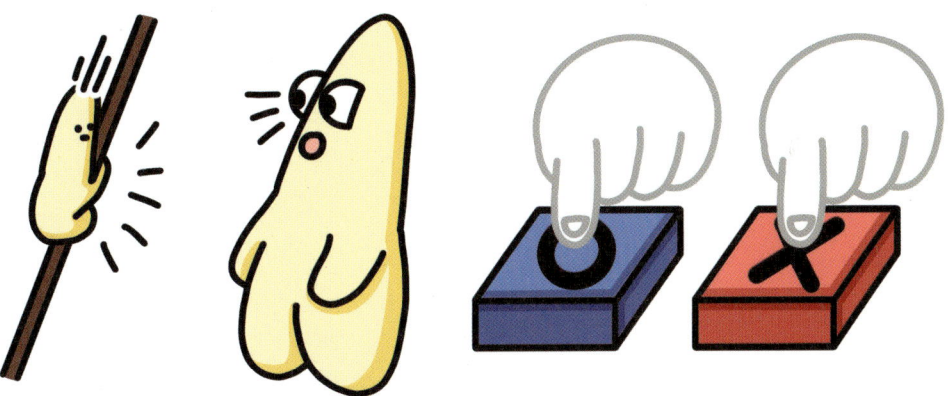

3. **급할 땐** 계단 위에서 뛰어 간다.

*스티커는 책 가장 마지막에 있어요.

안전하게 스마트폰을 이용해요!

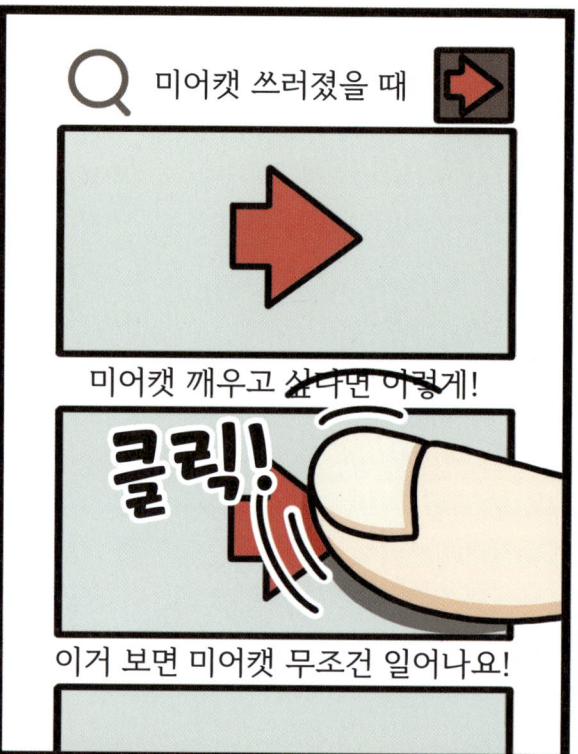

이 두리님이 **스마트폰 사용 안전 수칙** 알려줄 테니 집중해서 들어!

스마트폰 사용 안전 수칙

1. 꼭 필요할 때만 사용하기

가족과 함께 있는 시간, 공부 시간에는 스마트폰 사용 멈추기!

 ## 스마트폰 사용 시간 지키기

 ## 스마트폰 중독 방지 앱 사용 부모님과 상의하기

스마트폰 사용이 스스로 제어가 안되는 경우에는
스마트폰 중독 방지 앱을 사용하는 방법도 생각해 보아요.

자, 그럼 자신을 **평가**한 후 **스마트폰 사용 약속**을 적어보자!

나의 스마트폰 사용 알기

1. 가족들과 식사할 때 스마트폰을 보지 않는다. ○ ✕
2. 공부, 독서 중 스마트폰을 보지 않는다. ○ ✕
3. 스마트폰을 필요할 때만 사용한다. ○ ✕
4. 스마트폰 사용 시간을 잘 지킨다. ○ ✕

총점 (○ 1개당  1개)

내가 만드는 스마트폰 사용 약속

①

②

③

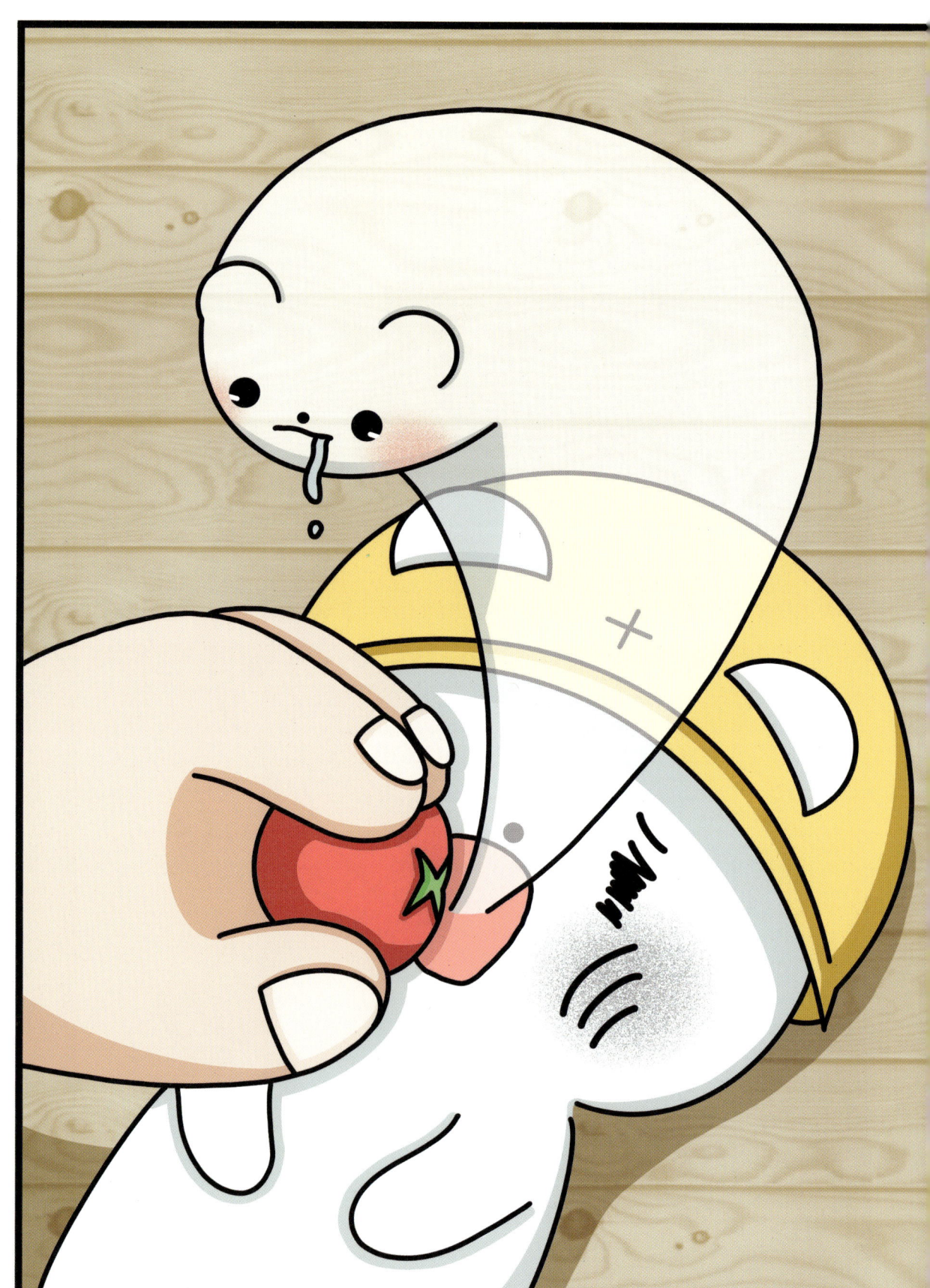

04

사람들 속에서 나를 지켜요.

* 힘이 빠지면 유령 모드가 되는 두리! 토마토를 먹으면 회복함!

사람을 조심해요!

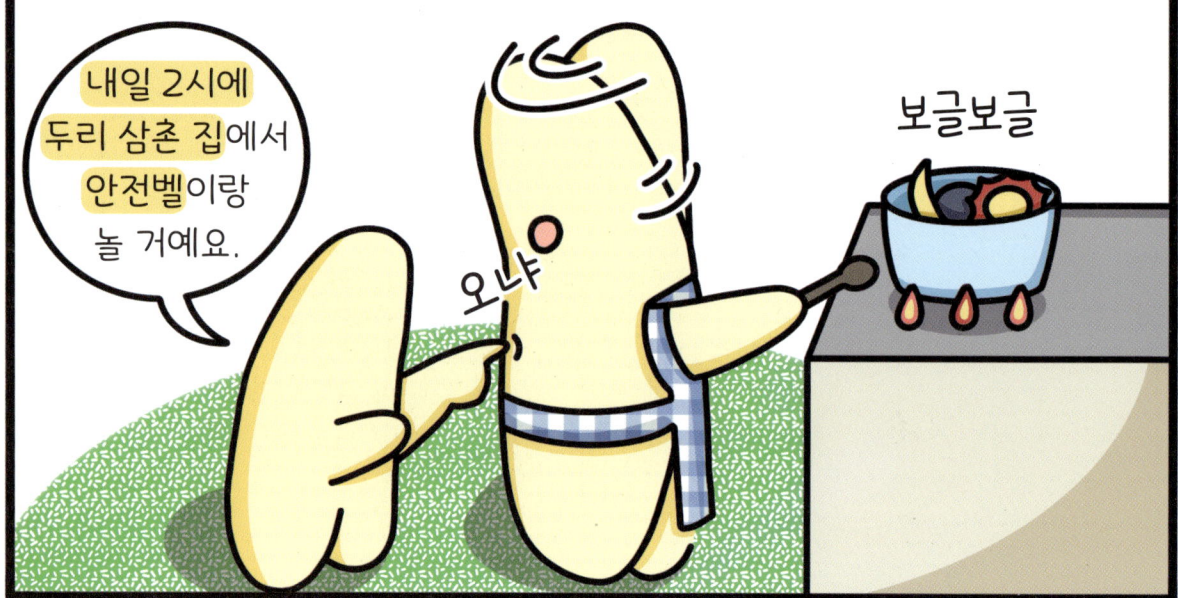

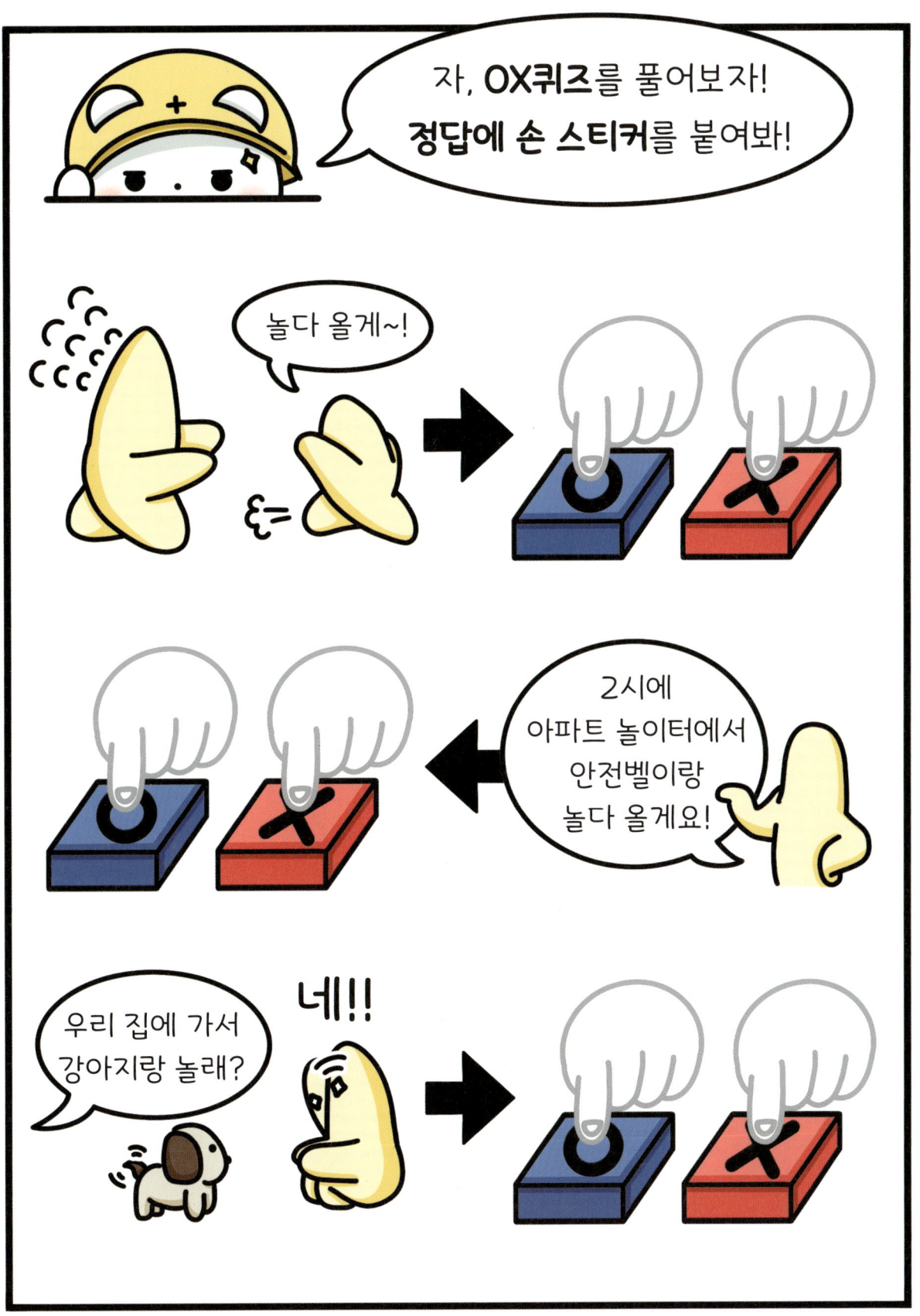

*스티커는 책 가장 마지막에 있어요.

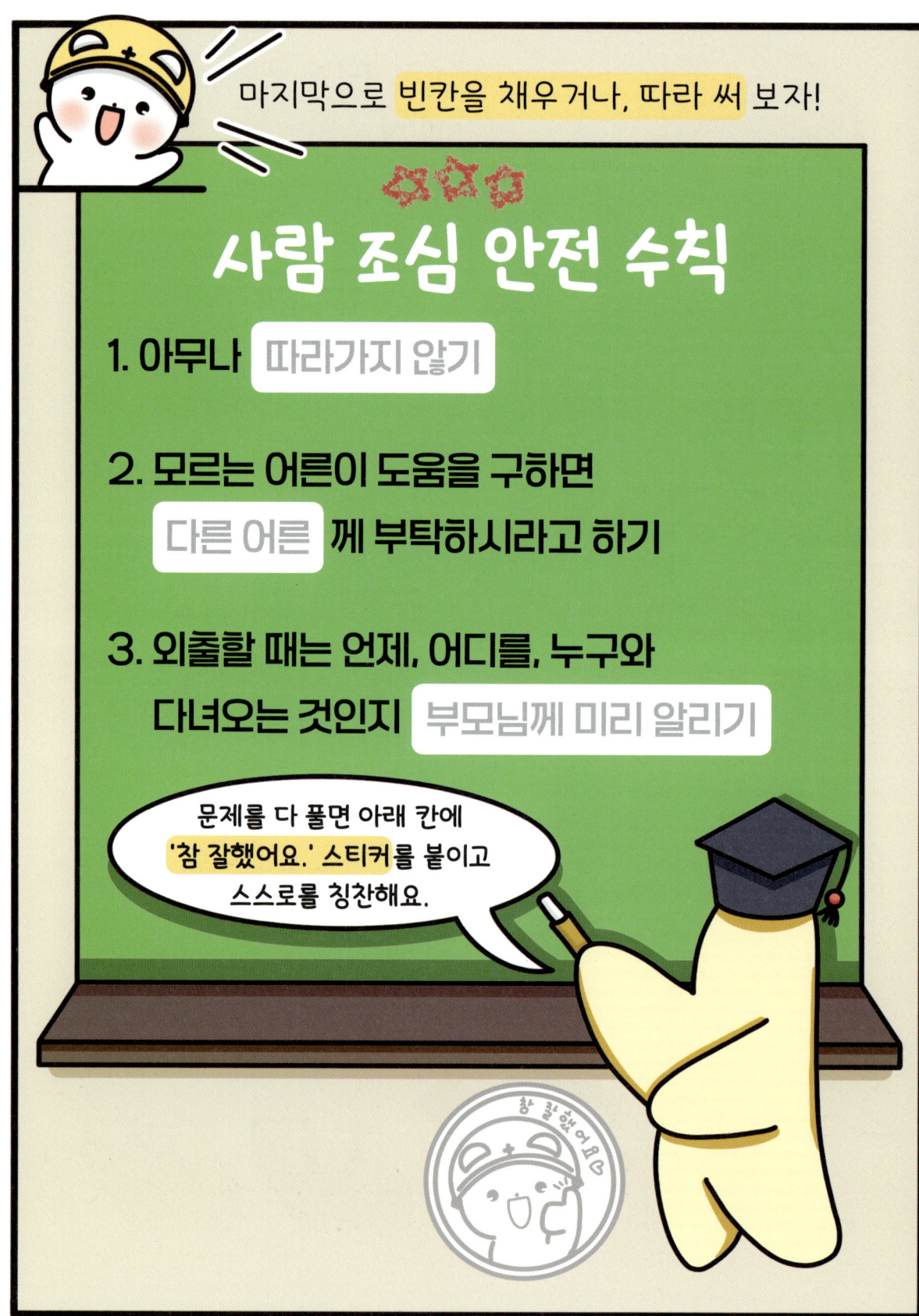

나쁜 접촉을 조심해요!

왜 아까운 토마토를 던지고 그래.

쩝쩝

쿵!

짝짝

던질거면 내가 다 먹는다!

웅! 네 거야! 다 먹어!

심히, 너 좋은 아이구나!

2 다른 사람의 경계를 존중하기

다른 사람을 함부로 만지지 않아요.

3 내 몸을 소중히 여기기

나를 함부로 만지려고 하면 거절하고 보호자에게 알려요.

***보호자**: 나를 보호하는 어른으로 부모님, 할머니, 할아버지 등.

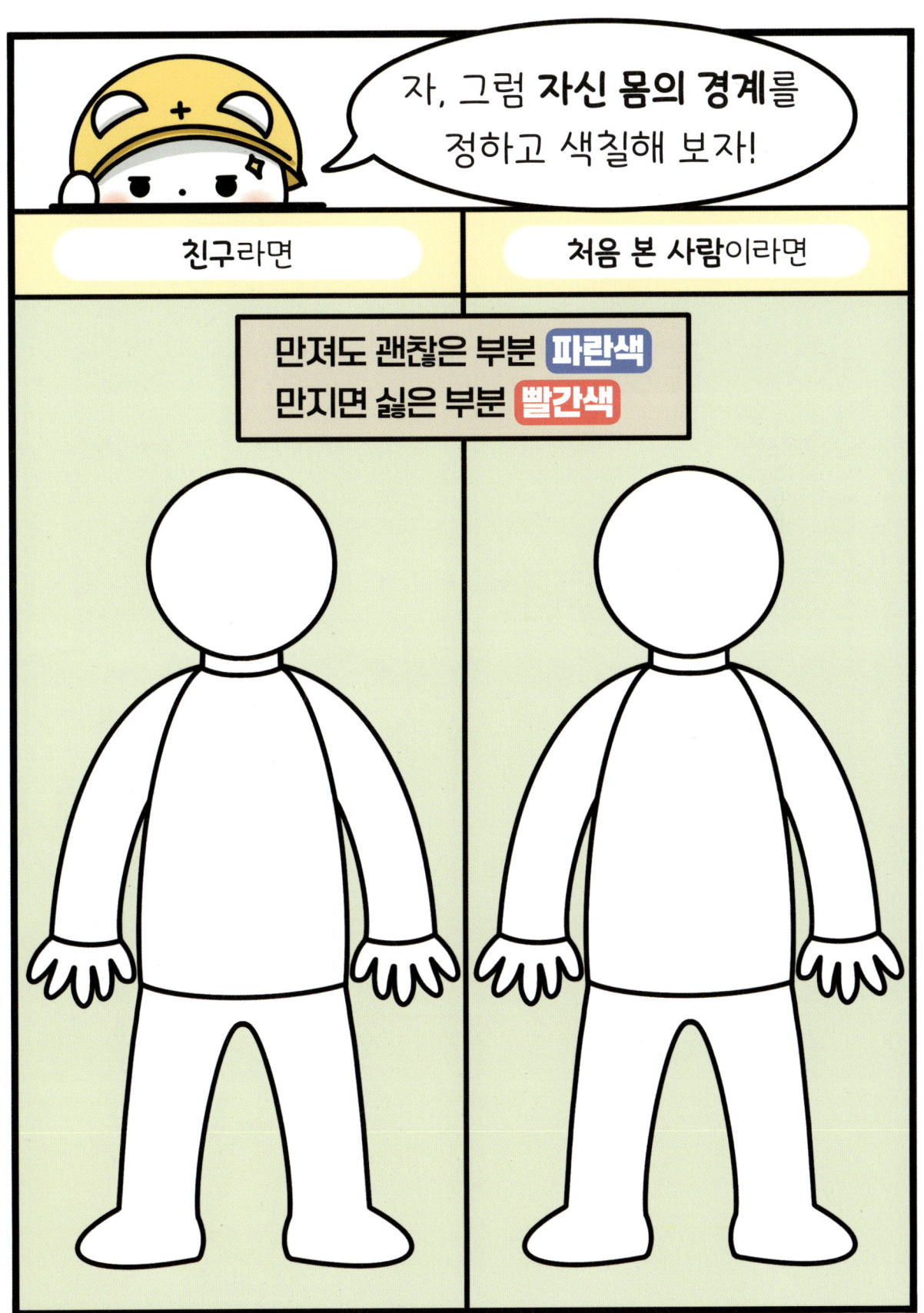

긴급 상황 속에서 나를 지켜요.

7
불을 조심해요!

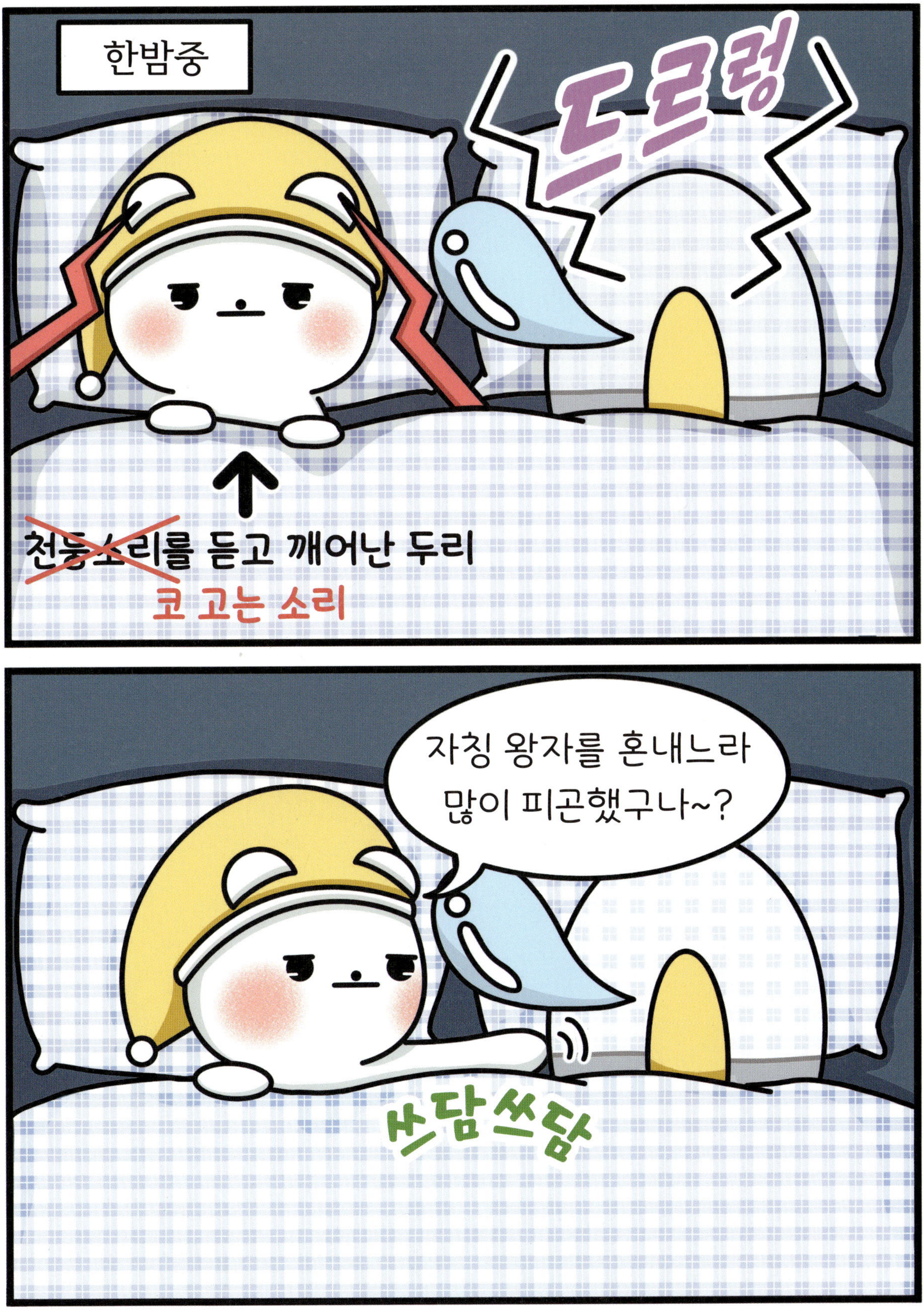

한밤중

드르렁

~~천둥소리~~를 듣고 깨어난 두리
코 고는 소리

자칭 왕자를 혼내느라 많이 피곤했구나~?

쓰담쓰담

 화재 대처법 알기

옷장 안이나 침대 밑에 숨지 않기

구급대원이 여러분을 찾기 어려울 수 있어요!

젖은 수건으로 코와 입을 막고 대피하기

몸을 *낮춰* 이동해요!

3 화재 대처법 알기

대피할 때 계단 사용하기

엘리베이터를 사용하지 않아요!

거짓 신고는 절대 하지 않기

거짓 신고는 누군가의 간절한 구조 요청을 방해해요!

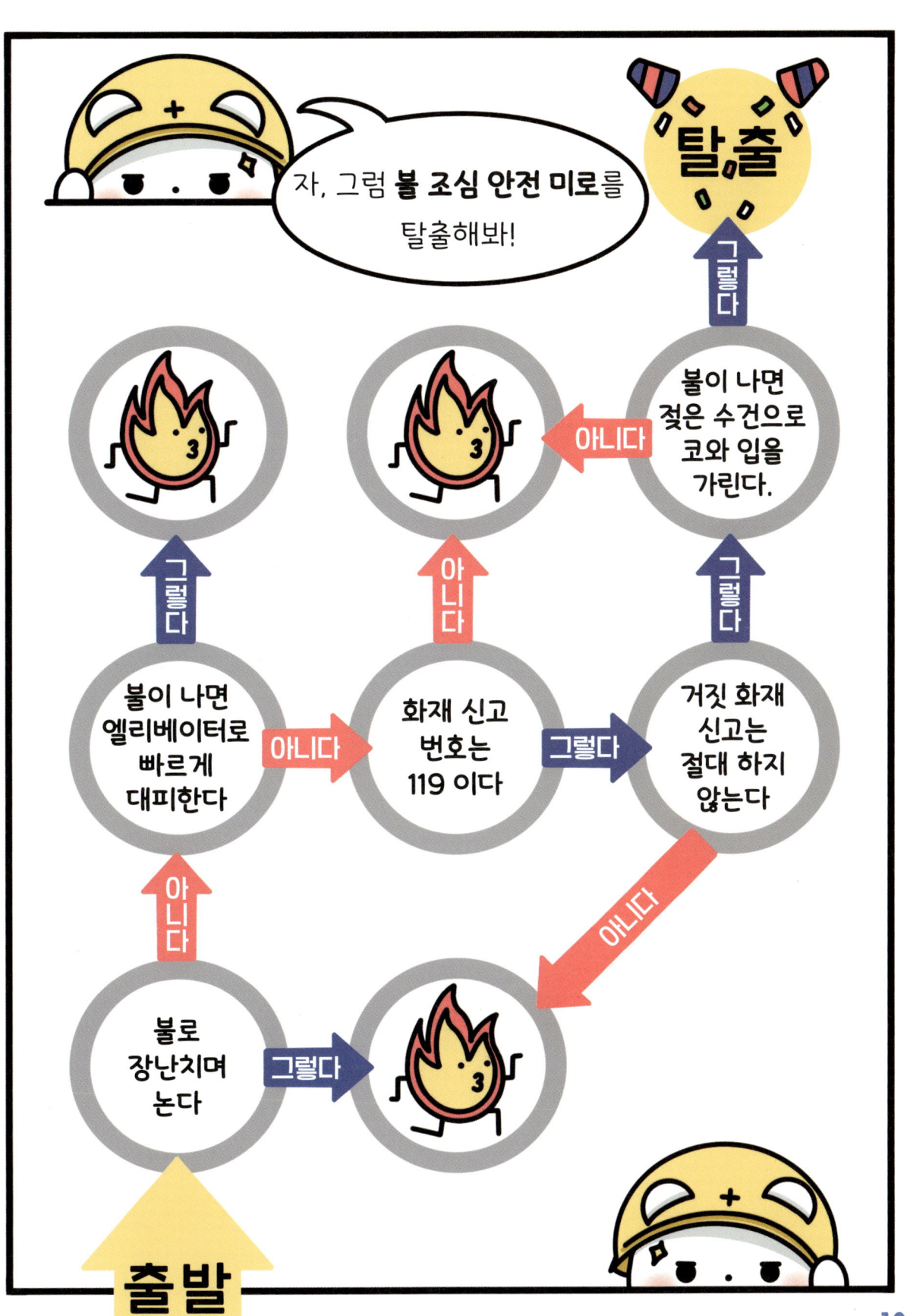

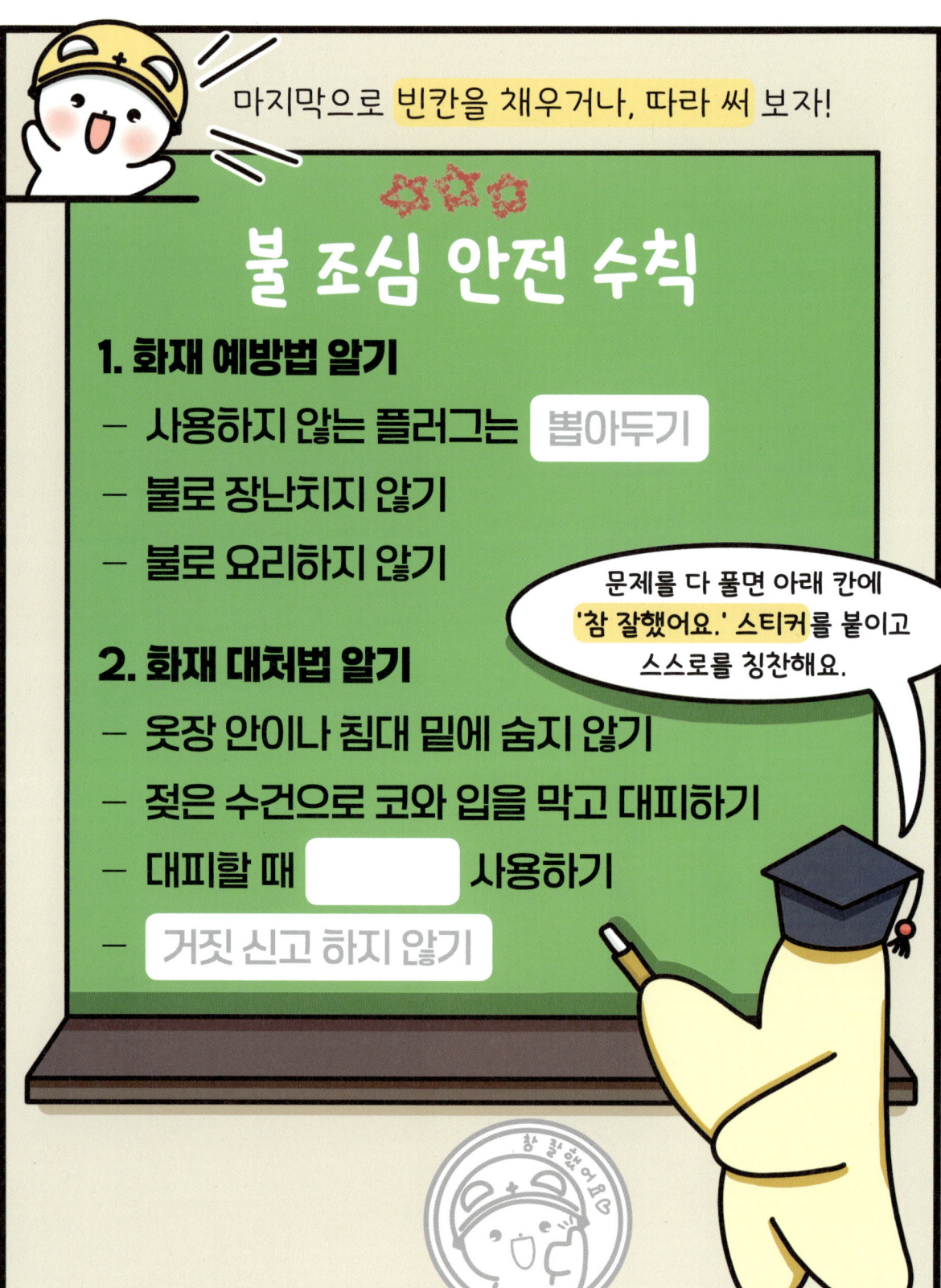

길을 잃었을 땐 침착해요!

뿌애앵

대단해..
자면서 울다니..

꿈속으로 가보자!

입으로 쏘옥

* **보호자**: 나를 보호하는 어른으로 부모님, 할머니, 할아버지 등.

2 떠올리기

여러분의 보호자를 기다리며 보호자의 전화번호와 집 주소를 떠올려요!

우리 엄마 전화번호는 000-0000-0000이고, 우리 집 주소는 ….

3 도움 요청하기

기다려도 보호자를 만나지 못했을 땐, 주변 어른께 도움을 요청해요!

1. 아이와 함께 있는 어른
2. 주변 가게 직원

주의점!
1. 낯선 사람을 따라가지 않아요!
2. 보호자를 잃어버린 장소에서 너무 멀어지지 않아요!

자, 그럼 아래 내용을 **조사 후 외우고** 적어봐!

보호자

성함

전화번호

010 -   -

*성함 : 이름의 높임말

우리 집 주소

06

오늘도 안전한 지구

20년 후

드르렁

평화롭다, 평화로와.

부들부들

어라?! 안전벨! 너 왜 그래?!

그렇게 오늘도 안전한 지구

좋은 책을 만드는 길, 독자님과 함께 하겠습니다.

내 안전은 내가 지킬 거야!_ 사계절 학교 04

초 판 발 행	2025년 05월 20일 (인쇄 2025년 03월 26일)
발 행 인	박영일
책 임 편 집	이해욱
글 · 그 림	류효정
편 집 진 행	박종옥 · 이수지
표지디자인	김도연
편집디자인	임아람 · 김휘주
발 행 처	시대인
공 급 처	(주)시대고시기획
출 판 등 록	제 10-1521호
주 소	서울시 마포구 큰우물로 75 [도화동 538 성지 B/D] 9F
전 화	1600-3600
팩 스	02-701-8823
홈 페 이 지	www.sdedu.co.kr
I S B N	979-11-383-9078-1 (77190)
정 가	18,000원

※ 이 책은 저작권법의 보호를 받는 저작물이므로 동영상 제작 및 무단전재와 배포를 금합니다.
※ 잘못된 책은 구입하신 서점에서 바꾸어 드립니다.
※ '시대인'은 종합교육그룹 '(주)시대고시기획 · 시대교육'의 단행본 브랜드입니다.

55쪽 스티커

81쪽 스티커

  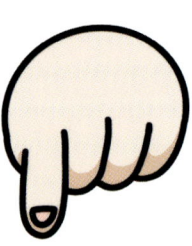

'참 잘했어요' 스티커

30쪽 　　　42쪽 　　　56쪽 　　　68쪽

82쪽 　　　94쪽 　　　108쪽 　　　120쪽